ÉTUDES PSYCHOLOGIQUES

N° 2

QUAND
J'ÉTAIS PETIT

PAR

FIRMIN MAILLARD.

MDCCCLXIX.

ETUDES PSYCHOLOGIQUES.

——

QUAND

J'ÉTAIS PETIT

ÉTUDES PSYCHOLOGIQUES

N° 2

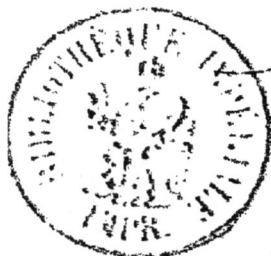

QUAND

J'ÉTAIS PETIT

PAR

FIRMIN MAILLARD.

MDCCCLXIX.

LE PETIT MIMI.

———

Onze heures déjà ! je n'ai que le temps de faire ma barbe ; quelle sujétion ! avec cela qu'elle devient de plus en plus rêche..... bourgeois au menton glabre, a dit ce toqué de Petrus Borel. — Je voudrais l'être.... bourgeois au menton glabre, les gens imberbes sont heureux; je n'ai pas toujours dit cela, il est vrai. Que de fois je me suis rasé quand je n'avais pas de barbe ! C'était le bon temps....... *un i. une l, béri-*

bon, *béribelle, six candis, six candelles, six boyards....* trou ! Allons, voilà que je me coupe. Aussi bien, où ai-je la tête vraiment.... un *i*, une *l*........ il y avait encore : *une ipette, perlunette, qui a perdu sa canette, au moulin Jean Berlin, cul de raisin !* Et comme nous sautions tous en rond en chantant ces *goguenettes !* Eh ! les voilà toutes : *des petits ciseaux dorés d'argent, mon père t'appelle au bas des prés, pour y manger du lait caillé, que la vachotte a barbotté pendant deux heures de temps, va-t'-en....* le doigt de la meneuse s'arrêtait sur moi, et tout le chœur de s'écrier : c'est le Petit-Mimi qui l'est ! car j'étais le Petit-Mimi en ce temps-là, — ce n'est pas hier.

. . . .

Pauvre Petit-Mimi !.... une brebis galeuse comme disait l'aumônier de sa voix nasillarde, car il n'était pas bien avec le Petit-Mimi, ce gros abbé......

Une fois..... toute la classe était à confesse et chacun à genoux près du confessionnal attendait son tour; le Petit-Mimi, qui n'aimait pas rester les bras croisés et qui, probablement, avait fini de méditer, se rapprocha petit à petit du confessionnal, puis quittant sa chaise, alla doucement, doucement, se cacher à côté, et se mit en devoir d'ôter les souliers du malheureux en train de se confesser. Ce n'était pas commode ; il ne fallait ni faire de bruit, ni trop remuer, pour ne pas éveiller l'attention de l'aumônier. Il dénoua d'abord les cordons, puis délaça patiemment le soulier; le camarade avait essayé de retirer sa jambe, mais l'aumônier lui dit : mon fils, vous êtes distrait..... et le pauvre diable n'avait plus bougé, car c'était une bonne nature, un cœur d'or.... qui se serait laissé déshabiller tout entier plutôt que de dénoncer un ami. Le Petit-Mimi travaillait toujours; après des maux infinis, le soulier vint; quand il eut le soulier, il voulut avoir le bas,

ais c'était plus difficile ; le camarade était cha-
ouilleux, et de temps en temps le Petit-Mimi
ntendait l'abbé murmurer : Qu'avez-vous donc,
on enfant, votre esprit semble être ailleurs, vous
'êtes pas assez détaché des choses de la terre...

t Dieu sait si le Petit-Mimi riait intérieurement
n mettant dans sa poche le bas et le soulier;
uis, résolument, il attaqua l'autre jambe. La
remière avait montré une patience à laquelle
était prêt à rendre hommage, mais il ne de-
ait pas en être de même pour celle-ci; à la
remière attaque, elle eut un tel mouvement
'impatience, que l'aumônier ferma brusque-
ent son petit guichet, et, passant la tête hors
u confessionnal, il dit : je ne sais ce qu'il y a,
ais vous me paraissez tous très distraits; et,
tant son surplis qu'il déposa sur le dos d'une
aise, il ajouta : je vais revenir à l'instant....
ites en sorte que je vous trouve plus calmes
t plus recueillis.

La porte de l'église n'était pas fermée que le

Petit-Mimi mettait le surplis et grimpait dans la chaire; à l'exception de deux *jésuites* qui, de temps à autre, jetaient un regard sournois du côté de la porte par où était sorti l'aumônier, tous les camarades s'étaient assis sur les bancs en face de la chaire : là, coiffé du bonnet carré qu'il avait trouvé sur le rebord de la tribune, il se pencha gracieusement vers son auditoire, et, imitant les gestes et le nasillement de l'aumônier, se mit à débiter ces *goguenettes* bien connues des enfants de la Franche-Comté :

Prêche maniquette
Mon bonnet sur ma tête,
Ma chemise entre mes bras,
Prêchi, prêcha,
Prêche qui voudra,
Pour moi je m'en vas.

Et le Petit-Mimi aurait bien fait de s'en aller, mais non, il continua :

Y a pôla devant Jèsù
Y'en aira le cul cousu.
Oh ! mé mère ne le cousd pas,
N' fates ran que de le faufila.

Chers enfants !..... mon sermon sera divisé
en trois points : premier point, le soulier ! et,
de la main droite, il brandit triomphalement ce
trophée glorieux ; deuxième point : le bas ! et
l'autre main apparut chaussée d'un bas bleu
rayé ; il y eut des trépignements dans l'auditoire. Troisième point......

L'aumônier était au bas de la chaire.

— Que personne ne bouge, s'écria-t-il, restez
tous où vous êtes, et, se penchant à l'oreille d'un
élève, il lui dit quelques mots ; l'élève sortit.
Deux minutes après, il revenait avec le proviseur. Celui-ci causa longuement avec le prêtre ;
pendant ce temps-là, le Petit-Mimi, toujours
dans la chaire, s'était débarrassé du soulier, du
bas et du bonnet noir, mais il avait encore le

surplis, et quand le proviseur lui eut dit : Descendez, Monsieur! il fut obligé de le retrousser comme si c'eut été une jupe, car il était de beaucoup trop grand pour lui ; arrivé au bas de l'escalier, il l'enleva le plus vite qu'il put et attendit, l'oreille basse, ce qu'on allait faire de lui. Le proviseur, tête penchée, écoutait l'aumônier qui lui parlait à mi-voix ; tout-à-coup il s'approcha du camarade au soulier :

— Ah çà, comment êtes-vous chaussé, où est votre soulier... votre bas ?....

— Je ne sais pas, Monsieur, on me les a pris.....

— Comment, vous ne savez pas qui vous a pris votre soulier et votre bas?

— C'était pendant que je me confessais, je ne sais pas où ils sont.

Un des petits *jésuites*, pensant se faire bien venir du proviseur, dit doucement : ils sont dans la chaire....

— Allons, c'est bon.... Tous, vous me copie-

rez cinq fois la messe et les vêpres; c'est au-
jourd'hui samedi, vous me donnerez cela lundi
avant la classe.

— Mais, Monsieur, nous n'avons pas bougé,
dirent les deux *jésuites.*

— J'ai dit tous, sans exception, vous m'avez
entendu, ne me le faites pas répéter; quant à
vous, Monsieur (Monsieur, c'était le Petit-Mimi),
je vais m'occuper de vous, et il sortit brusque-
ment de l'église.

L'aumônier s'approcha de moi : Je ne sais
ce que l'Université que vous avez déshono-
rée va faire de vous, mais vous êtes indi-
gne de mettre les pieds dans une église, sor-
tez......

Et le Petit-Mimi sortit.

Le lendemain dimanche, il profita de cela
pour n'aller ni à la messe ni aux vêpres, puis-
que l'aumônier lui avait interdit désormais l'en-
trée des églises, et passa ce temps à polissonner
dans les rues; — mais c'était un plaisir amer

qûe celui qu'il goûtait, et ce fut le cœur un pe
gros que le lundi matin, ses livres sous le bras
il prit le chemin du collège. Par exemple, il s'é
tait bien gardé de copier cinq fois la messe e
les vêpres; le proviseur avait dit tous, mais
avait ajouté : quant à vous...., ce qui le met
tait à part — trop, mon Dieu! Devant la port
de la classe, on causait de l'événement; quan
le Petit-Mimi parut, ce fut une grande curiosité
— Comment, tu as eu le toupet de venir, disa
l'un; — il paraît que tu vas être excommuni
disait l'autre, on t'enfermera dans une tour
on te donnera à manger au bout d'une pe
che....

Le Petit-Mimi riait, mais il riait jaune, comm
on dit, et son cœur battait la générale..... Ce
pendant, l'affaire n'eut aucune suite; les aut
rités compétentes, pensant qu'il n'y avait poi
de châtiment pour un forfait semblable, aba
donnèrent simplement le malheureux pécher
à sa conscience.

. . . .

\h! .mes bonnes *goguenettes*, voilà ce que
1s me rappelez, un passé plein de fautes!
is ah çà, d'où venez-vous, par où êtes-vous
rées? par la fenêtre entr'ouverte, n'est-ce
, vous voyagez sur un rayon de soleil!
ns, le voilà *spine, valéri, rado*..... tu étais
ı la plus cocasse, avec ton petit air de ne
 y toucher; attends donc, que je te retrouve
. oui, oui, c'est cela : *spine, valéri, rado,
vindine, suspindo; spine, valéri, rado, sus-
dine valéri.* — Voyons, ne me tiraillez pas
ıme cela, vous allez me faire couper! Vous
; donc bien contentes de retrouver un vieux
ıarade?..... Ah! mes petites évaporées,
ours aussi folles..... il y a belle-lure que le
t-Mimi ne saute plus en rond. Tu ne sais pas
que c'est qu'une sciatique, toi, petite *une
te, pertunette*, tu es bien heureuse?.... —
t que vous n'êtes pas changées du tout, au

moins : eh, voilà *un i, un in, gazin, gazelle, du pied, du jonc, caqui bourdon*, avec son air bête, toujours la même. Qu'est-ce que vous ont dit les autres camarades quand vous êtes allées les visiter.... hein? ils vous ont mises dehors, ils vous ont appelées cigales..... Au fait, que diable veux-tu qu'un notaire fasse de toi, ma pauvre *un i, un o, de pique et de beau, cinq sabots de carabots, de pin en pin, pique le marin*, ou de toi : *pimpon d'or, ma babillonnette, pimpon d'or, m'en voilà dehors*; faut être juste aussi! Est-ce que le gros avoué, celui qu'on appelait *le pif,* vous a reconnues? Non, n'est-ce pas; il a dit : Après tout, c'est bien possible, on est si bête quand on est petit !

. . . .

Et cancoire, vole, vole! ton mari est à l'école, il a dit, si tu ne voles, qu'il te couperait la gorge avec un gros couteau de Saint-Georges! Cancoire....... que diable est-ce ça?......

Ah ! j'y suis, nous appelions les hannetons des cancoires ; ces pauvres hannetons !..........
Le petit Finette, qui a fait depuis un si joli chemin dans les hypothèques, mangeait les hannetons, le petit sale.. ... Au fait, le Petit-Mimi mangeait bien les bourdons, ces gros bourdons qui font *from, from*.......... oui, ma foi ; mais ce n'était pas malpropre comme le hanneton, seulement il fallait savoir le coup — je ne le sais plus maintenant ; on extrayait du corps de l'insecte une petite vessie grosse comme une lentille ; elle était très-propre, très transparente..... et on la mangeait ; non, rien de délicieux comme cette goutte de sirop naturel, sirop composé du suc de toutes les fleurs qu'avait butinées le bourdon. Nous étions alors persuadés que c'était cette liqueur que Ganymède versait à Jupiter, et je ne vois même point pourquoi je ne le croirais pas encore ; vraiment oui, c'était délicieux, et si je n'en mange plus...
c'est que les viandes saignantes me sont ordon-

nées ; et puis, allez donc avec une sciatique attraper des bourdons.

Alors, nous avions des filoches, et le jeudi nous filions aux Petits-Bois près de la maison du garde.... La maison du garde ! je n'ai qu'à fermer les yeux pour la voir encore : — au milieu d'une clairière, une maisonnette toute couverte de chèvre-feuille, de lierre et de vigne folle ; devant la porte, nonchalamment étendu mais ne dormant que d'un œil, un gros chien noir dont le Petit-Mimi aurait bien voulu faire son ami, — mais le gros chien ne voulait pas ; à côté de la porte, au bas d'une fenêtre, un banc de bois vermoulu et boiteux sous lequel un petit pot de chambre ébréché se sèche impudemment au soleil ; à droite, un hangar ; derrière, un carré de choux et de pommes de terre : voilà la maison du garde. Oh ! les beaux rêves qu'elle m'a fait faire, cette maisonnette ! Quand, le lendemain en classe, le maître mettait les roses à l'ablatif ou à l'accusatif, le Petit-Mimi, les yeux

2

à demi-fermés sur sa grammaire, rêvait qu'il était assis sur le banc de bois ; il prenait son sac et son fusil, sifflait le gros chien noir qui, joyeux, courait comme un fou, et ils allaient tous deux, en forêt, faire leur tournée......

— Monsieur, vous ne suivez pas, criait brutalement le pion ; où en est-on ? continuez....

— Mais non, animal, je ne peux pas continuer....... est-ce que la petite maison, le fusil et jusqu'au gros chien, tout ne s'est pas enfui en t'entendant glapir de la sorte.....

· ·

En ce temps-là..... diable, comme je me dégarnis sur le devant, et dire que ces gredins de chimistes ne trouveront rien !.... Après tout, il y en a à qui cela va très bien et qui ont l'air d'être venus au monde ainsi........ Je sais qu'il y en a d'autres que cela n'avantage pas du tout, oh mais pas du tout ; — quant à ramener...... jamais ! le rameneur est un être méprisable.......

Cancoire, vole, vole, ton mari est à l'école..... et *belle pomme d'or à la révérence*, qu'est-elle devenue? ah! je ne t'avais pas vue, ma chérie, je ne t'ai pas oubliée non plus: *belle pomme d'or à la révérence, il n'y a qu'un Dieu qui nous porte en France; adieu mes amis, la guerre est finie, belle pomme d'or, tirez-vous dehors.* Je me souviens même du jour où je fis la connaissance — un jeudi; c'était si souvent jeudi dans ce temps-là! à un goûter d'enfants chez je ne sais plus qui. Le Petit-Mimi avait voulu être habillé dès le matin malgré les sages observations de sa maman : — Je t'en supplie, laisse-moi mettre mon pantalon blanc, rien que pour aller à la messe, je l'ôterai en revenant; je mettrai mon mouchoir de poche sous mes genoux; n'aie pas peur, je ne me salirai point. —

Fais-y bien attention, avait dit la faible mère,
si tu le salis, tu ne sortiras pas cette après-
midi.....

Le Petit-Mimi était déjà loin : il avait une
blouse de velours vert serrée à la taille par une
jolie ceinture; une délicieuse casquette, et sur-
tout un pantalon d'une blancheur éblouissante,
tout battant neuf, complétaient cet élégant cos-
tume. Il allait au collége gravement, sagement,
comme quelqu'un qui sent tous les regards fixés
sur lui, quand tout-à-coup, au détour d'une rue,
il se croisa avec un *petit de chez les Frères* qui
s'écria : Oh! a-t-il l'air *côme!* celui-là Le Petit-Mimi, qui voulait à tout prix éviter un com-
bat à son vêtement neuf, ne répondit rien et
continua tranquillement son chemin, ce qui en-
hardit son adversaire. — Dis donc, pourquoi
ne t'a-t-on pas rabattu les coutures...... et ce
disant, le petit de chez les Frères tomba à grands
coups de poings sur la blouse de velours vert.
Les deux champions se prirent aux cheveux et

roulèrent bientôt au milieu de la rue ; un bouti-
quier qui était sur sa porte les sépara en les
traitant de polissons, et le Petit-Mimi, arriva
piteusement au collége avec sa blouse toute
froissée et son beau pantalon sali et déchiré au
genou.

— Comment êtes-vous arrangé, dit le sous-
principal qui mettait les élèves en rang, vous
vous êtes battu?.....

— Non, Monsieur ; j'étais en retard, j'ai couru
et je suis tombé.

— Vous ne faites jamais rien comme les autres (le lui a-t-on répété de fois, qu'il ne faisait
jamais rien comme les autres); vous ne pouviez
pas venir en même temps que vos camarades,
je devrais vous punir.....

Et le Petit-Mimi passa sa messe à songer à
la pénible entrevue qu'il allait avoir avec sa
maman. Il n'arriva cependant que ce qui devait
arriver : on lui mit un autre pantalon, une
collerette brodée, etc., tout en murmurant : Jo

te l'avais bien dit, mais tu ne veux jamais rien écouter.... si ce n'était pas une impolitesse à faire à ces personnes que nous connaissons peu, tu n'irais pas..... mais sois tranquille, jeudi prochain tu resteras à la maison. Le Petit-Mimi, qui savait déjà que l'avenir n'appartenait qu'à Dieu, se moquait pas mal du jeudi suivant (il s'est même toute sa vie trop moqué du jeudi suivant !) et était tranquille, puisqu'il allait toujours au goûter.

Qu'y avait-il là, je n'en sais rien, mais je me rappelle qu'il arriva assez tard une petite fille qu'on connaissait peu ; elle habitait la campagne et le hasard l'avait jetée au milieu de nous. Toute honteuse, et nous fixant de ses grands yeux noirs qui étaient fort beaux, elle se tenait timidement à l'écart et n'avait point ôté ses gants, ce que les grandes filles de douze ans qui étaient là regardèrent comme un manque d'usage — vous pensez, une campagnarde! Les petites croyaient simplement que si elle conservait ses gants, c'était pour faire sa tête. — Allons, amuse-toi avec les petites demoiselles, dit sa maman, et la dame de la maison l'avait mise dans une ronde.

> *Combien vendez-vous vos ognons,*
> *De la mi, de la madelonnette,*
> *Combien vendez-vous vos ognons,*
> *De la mi, de la madelonnon.*

Ou bien :

> *Jeune pastourelle,*
> *Entrez dans ce rond tout rond,*
> *Et voyez auquel,*
> *Votre cœur est bon.*
> *On lui fait passer barrière,*
> *Ramenez vos moutons, bergère ;*
> *Ramenez, ramenez donc,*
> *Vos moutons à la maison.*

D'un côté, je lui donnais la main ; la sienne était

froide et dure comme du marbre, le gant ajoutait encore à l'impression désagréable qu'elle causait; on fit plusieurs tours, et cette main restait morte dans la mienne, tandis que mon autre main était vivement secouée par une grosse joufflue qui se trémoussait à cœur joie. Après le goûter, comme nous étions dans le jardin, je dis à ma petite voisine de ronde, la petite à la main gla-cée :

— Pourquoi n'ôtes-tu pas les gants?

— Parce que.....

— Parce que quoi?

Elle devint rouge comme une cerise et me dit à mi-voix : parce que j'ai un bras de bois.

— Un bras de bois! fais voir!

La petite ôta son gant : ne le dis pas aux autres, ils ne voudraient plus s'amuser avec moi.

— N'aie pas peur, dit le Petit-Mimi qui n'en revenait pas. Un bras de bois! — Mais pourquoi t'a-t-on coupé le bras ; et l'autre.... est-ce qu'il est en bois aussi ?

— Non, dit la petite, et elle déganta sa main droite, qu'elle mit dans la mienne ; c'est quand je suis venue au monde, vois-tu ?

— Comment, lorsque tu es venue au monde, tu n'avais qu'un bras, dit avec étonnement le Petit-Mimi, qui ne connaissait pas encore ce qu'on appelle les coups de la Providence.

— Oui, et je mets mon bras de bois quand je sors de chez nous pour qu'on ne se doute pas.....

Nous passâmes ensemble le reste de l'après-midi ; je lui chantai les rondes que je savais :

Dans ce charmant salon,
Tout le monde, tout le monde,
Dans ce charmant salon,
Tout le monde danse en rond.
Mam'zelle, entrez dans la danse,

> Faites-y la révérence,
> Et puis vous embrasserez
> Celui que vous aimerez.

Et encore :

> Promenons-nous le long du bois,
> Pendant que le loup n'y est pas.
> Loup, y es-tu?

Elle m'apprit *belle pomme d'or* à la révérence, et quand vint l'instant de nous séparer, nous étions très-occupés à caresser du soufle des petites bêtes à bon dieu, tout en leur chantant :

> Maréchal, maréchal, vole, vole,
> Du côté où je me marierai.

Le soir, le Petit-Mimi, qui se plaignait d'être fatigué, alla se coucher de bonne heure ; mais il resta longtemps éveillé, songeant au bras de bois et voyant dans l'ombre deux grands yeux noirs qui le regardaient ; il s'endormit en murmurant : *belle pomme d'or à la révérence, belle pomme d'or, tirez-vous dehors.* Le lendemain, il pensa encore un peu à la petite au bras de bois, puis ce fut tout. La vie du Petit-Mimi était alors beaucoup trop accidentée par ses relations avec les grands hommes de Rome et d'Athènes (relations qui lui attiraient plus de pensums et de retenues que de véritable agrément) et par ses combats fréquents avec les petits de chez les Frères, pour qu'il pût garder longtemps le souvenir d'un événement aussi peu important.

Quelques années après, huit ans presque, alors qu'il était bien grand, bien grand, qu'il fumait déjà et allait au café, plusieurs de ses amis vinrent le prendre et l'entraînèrent à un rendez-vous de chasse ; mais ce jour-là, le Petit-Mimi broyait du noir depuis le matin, il était dans ses *blue devil's*, et la gaité de ses compagnons n'avait fait qu'accroître sa mauvaise humeur; aussi, dès qu'il le pût, il s'esquiva sans bruit, alluma un cigare et descendit au village. Il examina l'église, en fit le tour et se promena philosphiquement au milieu des tombes, lisant machinalement les inscriptions : tout-à-coup il s'arrêta..... c'était la tombe de la petite au bras de bois; elle était morte il y avait déjà plusieurs années..... Le Petit-Mimi s'accouda sur la grille et resta là sans prendre garde à une pluie froide et pénétrante qui tombait fine et serrée; il pensa alors qu'il aimait la petite au bras de bois, qu'elle était morte, qu'il ne la reverrait plus, et une immense douleur l'enveloppa tout entier pendant qu'une idée étrange le mordait au cerveau : avoir le bras de bois! Mais comment faire? et il s'en vint, y rêvant.

Au château, il n'y eut qu'un cri : où es-tu allé, tu es mouillé jusqu'aux os! — Tiens, goute-moi ce punch! ça te séchera toujours l'intérieur; hein, qu'en dis-tu?

— Je dis que ça me séchera l'intérieur, répondit le Petit-Mimi, et il tendit son verre : et quand on vint dire à ces messieurs que les chevaux étaient à la voiture, le Petit-Mimi était tellement sec à l'intérieur qu'en sortant de la cour, il mordit à pleines lèvres dans la joue grasse et rouge d'une grosse fille de ferme qui renouvelait une litière et qui lui donna un coup de poing dans le dos. Au village, près du cimetière, quelque chose se dérangea dans l'attelage, on arrêta, et le Petit-Mimi, qui décidément avait noyé ses diables noirs, monta sur une des banquettes de la voiture et parla au peuple — deux ou trois polissons qui sortaient de l'école — tant et si bien qu'il fallût le faire asseoir pour continuer la route.

Pendant ce temps-là, derrière le mur, à quelques pieds sous terre, était le bras de bois à côté des os de la petite aux grands yeux noirs.

. . . .

. . . .

Ah ! petites *goguenettes*, voici que j'ai le cœur
tout barbouillé ; tenez, vous êtes bien gentilles,
je vous aime beaucoup, mais voyez votre ou-
vrage.... j'ai manqué un rendez-vous d'af-
faires..... et ma barbe n'est pas faite.

Allons, sauvez-vous vite que je ferme la fenêtre, *prends ton seau, ma jolie babillonnette,
prends ton seau, va-t-en vite à l'eau.*

FIRMIN MAILLARD.

Gray, imprimerie de A. Roux.

ETUDES PSYCHOLOGIQUES

—

———

ETUDES PSYCHOLOGIQUES.

—

No 1. QUATRE HEURES D'ANGOISSES.
No 2. QUAND J'ÉTAIS PETIT.